AF370188

ORDONNANCE DU ROY,

Pour faire delivrer pendant l'Esté prochain & les suivans, En Temps de Paix, Deux cens livres de Poudre par Bataillon aux Troupes d'Infanterie, Et Vingt-cinq livres à chaque Escadron des Regimens de Dragons, pour faire l'Exercice.

Du 10. May 1718.

A PARIS,
DE L'IMPRIMERIE ROYALE.

M. DCC XVIII.

ORDONNANCE DU ROY,

Pour faire delivrer pendant l'Esté prochain & les suivans, En Temps de Paix, Deux cens livres de Poudre par Bataillon aux Troupes d'Infanterie, Et Vingt-cinq livres à chaque Escadron des Regimens de Dragons, pour faire l'Exercice.

Du 10. May 1718.

DE PAR LE ROY.

SA MAJESTE' jugeant qu'il est du bien de son service que les Troupes d'Infanterie & de Dragons fassent l'Exercice dans ses Villes & Places où elles sont logées, pour apprendre aux nouveaux Soldats & Dragons le port & le maniment des Armes, les Evolutions, & les instruire dans la forme & maniere de combattre; Elle a de l'avis de Monsieur le Duc d'Orleans Regent, donné ses ordres aux Colonels & Mestres de Camp des Regimens d'Infanterie & de Dragons,

A ij

Et aux Inſpecteurs Generaux qui en vont faire la viſite, de leur faire faire l'Exercice; Et eſtant neceſſaire pour cette fin qu'il leur ſoit donné de la Poudre, Sa Majeſté Mande & Ordonne aux Gouverneurs & Commandans pour ſon ſervice dans ſes Villes & Places, de faire delivrer par les Gardes-Magaſins pendant l'Eſté prochain & les ſuivans de chaque année de Paix juſques à nouvel ordre, Deux cens livres de Poudre par Bataillon, & Vingt-cinq livres par Eſcadron de chacun des Regimens de Dragons, à meſure qu'ils en ſeront requis par les Colonels ou Commandans deſdits Regimens les jours qu'ils devront faire l'Exercice, l'Intention de Sa Majeſté eſtant que les Inſpecteurs Generaux tiennent la main à ce que ladite Poudre ne ſoit point divertie à d'autres uſages: Et pour que Sa Majeſté ſoit informée de la conſommation qui en ſera faite dans leſdites Places, Elle Ordonne que les Gouverneurs ou Commandans envoyent au Conſeil de la Guerre un Eſtat ſigné d'eux, de la Poudre qui ſera tirée des Magaſins deſdites Places pour l'Exercice deſdits Regimens & Bataillons; Et moyennant l'ordre deſdits Gouverneurs ou Commandans, & les Recepiſſez que les Majors donneront aux Gardes-Magaſins de la quantité de Poudre qui leur aura eſté delivrée, leſdits Gardes-Magaſins en ſeront & demeureront bien & valablement déchargez. Mande & Ordonne Sa Majeſté à Monſieur le Duc du Maine Grand Maiſtre de ſon Artillerie, de tenir la main à l'Execution de la preſente. Fait à Paris le dixiéme jour de May mil ſept cens dix-huit. *Signé* LOUIS. *Et plus bas*, Phelypeaux.

Sa c

ordonn...

le nom...

Batail...

cy deua...

Infanterie et aux...

...erneurs et Lieutenan...

...rovinces, aux Inten...

aux Inspecteurs...

ordonnance du Roy, qui accorde le Complet a l'Infanterie françoise
mois de May et juin 1718:

May 1718

De par le Roy.

Sa Maj.té ayant en Execution de son
ordonnance du six auril dernier, fait reduire
le nombre de quinze Compagnies dont les
Bataillons d'jnfanterie françoise estoient
cy devant composés, a celuy de Neuf Comp.ies
en les augmentant, Sçauoir celles des
Grenadiers jusqu'a cinquante hommes
et les huit autres compagnies jusqu'a soixante
neuf chacune, aumoyen de l'jncorporation
des six dernieres Compagnies, Et
voulant procurer aux Capitaines de celles
qui sont conseruées les moyens de rendre
leurs trouppes complettes en remplaçant leurs
Sergens, Caporaux, Anspessades et Soldats

lesquels n'ayant pas esté jugez par les Inspe[cteurs]
propres pour le service auront esté congéd[iés]
a l'occasion de lad. incorporation. Sa M[aj.té]
de l'avis de Monsieur le Duc D'orleans
Regent a ordonné et ordonne que lesd.
Bataillons d'Infanterie françoise redui[ts]
a neuf compagnies seront passez et
Employez sur le pied complet en Serge[ns]
Caporaux, anspessades et Soldats dan[s]
les Reuües qui seront faittes pour
servir au payement de leur subsistan[ce]
pendant le present mois, et celuy de
Juin prochain; Mande et ordo[nne]
Sad. Maj.té aux Gouverneurs et Lieutena[ns]
generaux desd. Provinces, aux Inte[ndans]
desd. Provinces, aux Inspecteurs
generaux de son Infanterie et aux

esquels n'ayant pas esté jugez p[ar] les Inspecte[urs]
propres pour le Service auront esté congedie[z]
à l'occasion de lad. incorporation. Sa Maj[esté]
de l'avis de Monsieur le Duc D'Orleans
Regent a ordonné et ordonne que leur D[its]
Bataillons d'Infanterie françoise reduita[nt]
à neuf compagnies seront passez et
Employez Sur le pied complet en Serge[ns]
Caporaux, anspessades et Soldats dan[s]
les Reveües qui seront Faittes pour
Servir au payement de leur Subsistan[ce]
pendant le present mois, et celuy de
Juin prochain; Mande et ordonn[e]

Conn

la m   .

telle   .

x L.

cent-auxchius.

Commissaires de ses guerres de tenir
la main a l'execution de la presente, Car
telle est la volonté de sa Maj.té Donné
à Paris le dixieme May Mil sept
cent dixhuit.

l'ordon
tesidan
l'oypo
qu'en l
Simpl
dct gu
quittan
Magi
dct d
Sann
Reg
genéval
Svanço
ecue

jecelle et employe
il arrestez par le
Soient passée
aud s.t Lebas

...ser en couformir

De Par Le Roy

Sa Majesté ayant par son ordonnance du 2.
decembre 1715. reglé que les officiers reformez de ses troupes
se voient payez de leurs appointements pendant l'année 171.
sur les ordres particuliers des Intendans des provinces,
et benevalitez du Royaume, en remettant par lesd. officiers
ez mains de ceux qui se voient preposez pour leur payer
des quittances en parchemin signées de leurs noms, aux
dos desquelles se voient les Certificats signez des Curez
et des Magistrats du lieu de la demeure desd. officiers,
portans que les Signatures apposées ausd. quittances
sont celles desd. officiers, Lesd. certificats legalisez des
Subdeleguez desd. jntendans, et ainsi comme depuis la d.
ordonnance la pluspart de ces officiers auroient suplicz
Sa Majesté de leur accorder le payement de leurs app.
en d'autres provinces qu'en celles ou jls auroient pris
leurs residences, ce qu'elle a bien voulu leur octroyer, Et
comme le payement n'a pû leur estre fait que sur leurs
simples quittances, attendu qu'il ne leur auroit pas esté

possible de les faire certifier et legaliser en conformité de
l'ordonnance du 26. decembre 1715. par l'Instabilité de leur
residence actuelles, et que sous pretexte de la d. ordonnance
l'on pourroit dans la suitte faire dificulté, tant au Conseil
qu'en la Chambre des Comptes de passer purement et
simplement dans les Estats et Comptes de l'Extraort.
des guerres, les payemens faits aux officiers dont les
quittances ne seroient pas certifiées des Curez et des
Magistrats des lieux et demeures desd. officiers, ny legalisé
des Subdeleguez des Intendans conformement a la d. ordonnance
Sa Majesté, de l'avis de Monsieur le duc d'Orleans
Regent, veut et entend qu'en rapportant par le Tresorier
general de l'Extraordinaire des guerres M.e Michel
François Lebas Duplessis en Exercice l'année mil sept
cent seize, les quittances signées seulement desd. officiers
reformez, les Sommes contenües en icelles et employées
en depense dans les Estats et Comptes arrestez par les
Intendans et autres ordonnateurs, soient passées et
allouées en la depense des Comptes dud. S.r Lebas

mance du 26. décembre 1715 par l'Instabilité de[s]
ces actuelles, et que sous prétexe de la d. ordonna[nce]
uroit dans la suite faire dificulté, tant au Conse[il]
a Chambre des Comptes de passer purement et [sim-]
ement dans les Estats et Comptes de l'Extraord[i-]
aires, les payements faits aux officiers dont le[s]
aa ne sçavoient pas certifiés des Curez et des
sivats des lieux et demeures desd. officiers, n'y légal[...]
ubdeleguez des jntendans conformement a la d. ordon[nance]
majesté, de l'avis de Monsieur le Duc d'orléans
ent, veu et entend qu'en rapportant par le Trésor[ier]
e de l'Extraordinaire des guerres en M.e Michel
ia Lebas Duplessis en exercice l'année mil sep[t]
seize, les quitances signées seulement desd. offici[ers]

Duplessis de la d. année qu'en Seize, par les gens
des Comptes à Paris auxquels Sa Majesté
Mande ainsy le faire sans difficulté. Car telle
est Sa volonté. Donné à Paris le quinze May
Mil Sept cent dix et huit.